Grand Conseil
des Sociétés de Secours Mutuels.

Procès-Verbal
de la Séance administrative du 24 Janvier 1876.

Cejourd'hui 24 Janvier 1876, l'Administration du Grand Conseil s'est réunie à l'effet d'entendre la lecture du projet de modifications au règlement élaboré par la Commission nommée dans l'Assemblée générale du 25 Avril 1875.

Mr Germain, rapporteur de cette commission, et M. M. Dol et Dephilippis, rapporteurs des sous-commissions, sont introduits, et M. le Président invite M. Germain à lire le projet de modifications.

Après cette lecture, M Germain lit un rapport adopté par la Commission de révision dans sa séance du 17 Janvier courant.

M. le Président invite M. Germain à déposer sur le bureau les documents qu'il vient de lire, et après son refus dûment constaté M. M. les Commissaires se retirent.

La discussion s'ouvre alors sur la demande de la Commission de voter les fonds pour publier aux frais du Grand Conseil le projet de règlement et le rapport.

M. M. les Administrateurs prennent successivement la parole et manifestent ouvertement les sentiments pénibles que leur a fait éprouver la lecture du dernier document. Cette discussion étant close, il est procédé à deux scrutins secrets, le premier, sur l'impression du projet de règlement, le deuxième, sur l'impression du rapport.

Au 1er scrutin, l'impression du projet est votée par 10 voix contre 3.

Au 2e scrutin, l'impression du rapport est rejetée par 12 voix contre 1.

Conséquemment, considérant que l'assemblée générale du 25 Avril 1875, a donné mandat à la Commission d'élaborer un projet de modifications au règlement, l'Administration délibère qu'il y a lieu de faire autographier aux frais du Grand Conseil, le texte seul des articles formant ce projet.

Et de même suite, considérant que le rapport qui a été lu après le projet, renferme des inexactitudes, des personnalités et des allusions offensantes pour l'administration; que l'assemblée générale n'a pas voulu fournir à quelques uns de ses membres les moyens de publier leurs opinions personnelles ; que ce rapport n'est pas en conformité avec le ton modéré du projet ni avec les idées de conciliation qui avaient enfin prévalu dans le sein de la Commission ; que, depuis la création de l'institution, jamais un document de ce genre n'a été publié en son nom, l'Administration délibère que, pour la dignité du Grand Conseil et celle des Sociétés adhérentes, il y a lieu de refuser les fonds demandés pour sa publication.

M.r le Président fait connaître ensuite la demande qui lui a été faite par plusieurs administrateurs, de présenter un contre-projet qui put prouver aux Sociétés que l'Administration du Grand Conseil n'a jamais repoussé les modifications que le temps apportait dans son fonctionnement. Il fait remarquer que le projet et le rapport de la Commission ne font nulle mention des propositions qu'il a déposées, au nom de l'Administration, dès la première séance du 29 Avril 1875, ayant trait principalement au stage du Président et des Membres du Bureau, à la durée de leurs fonctions, au mode de leur élection, au tour de rôle des Conseillers, au remplacement des démissionnaires ou décédés, par l'assemblée générale seule, etc.

M.r Muratory fait aussi remarquer que la Commission n'a pas tenu plus de compte des modifications qu'il a proposées lui-même.

Une discussion longue et approfondie s'engage sur la nécessité d'éclairer complètement MM. les Présidents et Syndics appelés à se prononcer, et de donner à l'Administration et à la minorité de la Commission les moyens de faire connaître les idées pratiques qu'ils croient utiles au bien de l'institution.

Mr Tavernier, Secrétaire, donne alors lecture du contre-projet suivant :

Projet de Règlement

du Grand Conseil des Sociétés de secours mutuels, présenté par l'Administration.

Le Grand Conseil des Sociétés de secours mutuels du département des Bouches-du-Rhône, établi à Marseille ;

Considérant que depuis l'année 1821, époque de sa fondation, les règlements des 15 Juillet 1822 et 22 Juillet 1852 ne sont plus en rapport avec les transformations qui se sont opérées dans les sociétés de secours mutuels.

Que par décision des Assemblées générales en date des 9 Juin 1853, 19 Février 1860, 21 Février 1864, 18 Février 1866 et 17 Février 1867, ces règlements ont été profondément modifiés ;

que ces modifications, ainsi que celles nouvellement adoptées, sont le résultat de l'expérience et des observations les plus approfondies et ne peuvent que consolider de plus en plus l'institution ; qu'elles sont en harmonie avec le décret organique du 26 Mars 1852, ainsi qu'avec les statuts et les règlements d'administration intérieure des Sociétés de secours mutuels.

Délibère d'annuler ces anciens règlements et modifications et de les remplacer par le suivant, qui devra désormais le régir.

Article 1er.

Le Grand Conseil est une juridiction spéciale statuant sans frais sur les difficultés soulevées par l'application des Statuts, et ayant la triple mission d'aider au développement des Sociétés de secours mutuels, de concourir à leur bonne administration ; et de maintenir dans leur personnel, l'ordre, la discipline et la stricte observation des prescriptions règlementaires. Il juge toutes les contestations qui peuvent s'élever entre les sociétaires et l'administration ou entre les administrateurs eux-mêmes

Art. 2.

Le Grand Conseil est composé des

Présidents et des Syndics des Sociétés de Secours mutuels qui, par une clause de leurs statuts ou par des délibérations prises en assemblée générale, se sont soumises à sa juridiction

Art. 3.

L'Administration du Grand Conseil est composée d'un Président, d'un Vice-Président, d'un Secrétaire, d'un Vice-Secrétaire, d'un Trésorier et de douze Conseillers, tous choisis parmi les présidents et les Syndics des Sociétés adhérentes. Toutes ces fonctions sont entièrement gratuites.

Art. 4.

Les fonctions de Président consistent à ordonner les convocations du Grand Conseil, à maintenir l'ordre et la tranquillité dans les réunions, à empêcher qu'il y soit question d'objets étrangers à l'ordre du jour et aux affaires administratives; il pose toutes les questions, recueille les voix, proclame le résultat des votes, prononce les jugements en audience publique et les transmet ensuite par écrit au Secrétaire; il signe conjointement avec ce dernier tous les jugements, délibérations, convocations, mandats et autres; enfin, il surveille tout ce qui peut intéresser le Grand Conseil.

Le Vice Président le remplace en cas d'absence.

Art. 5.

Les fonctions de Secrétaire consistent à faire les convocations pour les assemblées, à rédiger et enregistrer les procès-verbaux, à faire, lorsqu'il y a lieu, les extraits de jugement qu'il signe conjointement avec le Président, ainsi que les convocations, mandats et autres; enfin à tenir les archives du Grand Conseil.

Le Vice-Secrétaire l'aide dans ses fonctions et le remplace en cas d'absence.

Art. 6.

Le Trésorier reçoit tous les fonds provenant des cotisations annuelles, allocations, subventions, amendes et autres; il dresse à la fin de chaque année et remet à l'administration un état des Sociétés qui ont payé leur cotisation; ses comptes, vérifiés par le Conseil, sont arrêtés à cette époque, le solde en est porté à nouveau, et il en est déchargé par la signature du Président et du Secrétaire, ainsi que par la mention qui en est faite dans le registre des délibérations du Grand Conseil.

Art. 7.

Les Administrateurs assistent à toutes les réunions et peuvent être délégués dans les Sociétés lorsque celles ci en font la demande.

Art. 8.

L'Administration du Grand Conseil est nommée par élection, en assemblée générale, au scrutin et à la majorité, par les Présidents et Syndics de toutes les Sociétés qui se sont placées sous sa juridiction, et qui paient la cotisation annuelle.

Les élections ont lieu chaque année le troisième Dimanche de Février et pour qu'elles soient valables, il faut que le nombre des présents soit égal au cinquième au moins des électeurs inscrits.

Art. 9.

Le Président du Grand Conseil est nommé pour une durée de cinq ans, et doit avoir rempli pendant trois ans au moins une des fonctions du Bureau.

Le Vice-Président, le Secrétaire et le Vice-Secrétaire sont nommés pour une durée de trois ans, et doivent avoir rempli pendant deux ans au moins les fonctions de Président ou de Syndic dans leur société.

Le Trésorier est nommé par le bureau et a voix délibérative.

Tous les membres du Bureau sont rééligibles.

Art. 10.

Les [illegible] Conseillers sont nommés à tour de rôle dans l'ordre de [illegible] du répertoire officiel ; leurs [illegible] ans. Chaque année il en sort six et il en entre six nouveaux. A la première application du présent article, les six conseillers élus l'année précédente conserveront leurs fonctions pendant un an encore pour que leur durée soit conforme à ces nouvelles prescriptions.

Art. 11.

Pour éviter toute confusion, les présidents seront pris à partir du Numéro 1, et les Syndics en commençant par la fin du répertoire. Lorsque le Président et le Syndic d'une même société se rencontreront au même tour de rôle, le président aura la préférence, mais deux ans après le Syndic de cette même société sera nommé de droit Conseiller.

Art. 12.

Le Président et le Syndic d'une même société ne peuvent être en même temps administrateurs du Grand Conseil.

Art. 13.

Les Syndics ne peuvent entrer pour plus d'un tiers dans l'Administration du Grand Conseil.

Art. 14.

Après l'assemblée générale du mois de Février de chaque année, les six conseillers désignés par le tour de rôle en seront informés officiellement par le Président. Les refus s'il s'en produit devront être envoyés au Président quinze jours au plus après la notification, pour que l'administration puisse être complétée à bref délai.

En cas de démission ou de décès du Président du Grand Conseil, il sera procédé à l'élection de son successeur en assemblée générale et dans le délai d'un mois au plus.

Art. 16.

Lorsque deux vacances se seront produites parmi les autres membres du Bureau, il y sera pourvu, par élection en assemblée générale, dans le délai de trois mois au plus.

Art. 17.

Les Présidents ou Syndics qui auront rempli pendant quinze ans, en une ou plusieurs fois, des fonctions administratives dans le Grand Conseil, pourront être nommés par l'assemblée générale administrateurs honoraires avec la qualité qu'ils auront eue en dernier lieu.

Art. 18.

Seront considérés comme démissionnaires les Administrateurs qui, sans en donner avis motivé, s'absenteront pendant trois fois consécutives des réunions du conseil.

Art. 19.

Toute réunion du Conseil est légale si le tiers des membres s'y trouve présent. Les délibérations sont prises à la majorité des voix.

Art. 20

Avant le 31 Janvier de chaque année, les Sociétés adhérentes au Grand Conseil sont tenues d'adresser à l'administration un extrait du procès-verbal de l'élection du Syndic et de faire connaître sa demeure. Une déclaration faite et signée par le Président peut tenir lieu de procès-verbal. Si nulle délibération ou déclaration n'a été faite, la Société ne sera representée au Grand Conseil que par son Président.

Ne seront convoqués et admis à participer aux élections que les Syndics pour lesquels cette formalité aura été remplie.

Art. 21.

Sont justiciables du Grand Conseil les Sociétés de Secours mutuels qui, par une clause de leurs statuts ou règlements, ou par une délibération prise en assemblée générale, ont formulé leur adhésion et pris l'engagement de se soumettre à ses décisions.

Art. 22.

Le Grand Conseil étant un tribunal d'appel, il ne sera donné suite qu'aux affaires qui auront déjà fait l'objet d'une délibération de leurs sociétés. Seront seuls exceptés de cette mesure les conflits d'administration et les plaintes personnelles des Présidents.

Art. 23.

Les affaires portées régulièrement devant le Grand Conseil sont jugées contradictoirement en audience publique.

Le Syndic de chaque Société est le défenseur-né des Sociétaires plaignants ; néanmoins, ces derniers peuvent se faire défendre par toute autre personne même étrangère aux Sociétés de Secours mutuels.

Il ne sera délivré des extraits de jugement que lorsque les affaires seront portées devant les tribunaux. En tout autre cas, une simple note sera remise aux parties si elles en font la demande.

Art. 24.

Les Sociétés qui auront pris une décision ayant pour but de se retirer de la juridiction du Grand Conseil seront rayées du catalogue de cette institution. Cependant, pour les Sociétés approuvées, les affaires seront jugées tant que la délibération de retrait n'aura pas été sanctionnée par l'autorité supérieure.

Art. 25.

Pour subvenir en partie aux dépenses du Grand Conseil, les Sociétés adhérentes devront payer une cotisation qui sera votée chaque année dans l'assemblée générale du mois de Février, et versée entre les mains du trésorier du Grand Conseil.

Art. 26.

Les Sociétés qui ne paieront pas la cotisation annuelle perdront le droit d'être représentées aux réunions du Grand Conseil.

Art. 27.

Tout membre du Grand Conseil qui, dans les réunions, se conduirait d'une manière inconvenante et qui n'aurait pas égard aux observations du président, ou qui serait répréhensible sous quelque autre rapport, pourvu que ce ne soit pas un motif d'exclusion, sera rappelé à l'ordre; et mention en sera faite au registre des délibérations.

Art. 28.

Ne pourront devenir membres du Grand Conseil ou en seront exclus ceux qui se trouveraient ou se seraient trouvés dans l'un des cas graves prévus par les règlements particuliers des sociétés, notamment : l'exclusion d'une Société, une condamnation correctionnelle infamante, l'ivrognerie, le concubinage ; la conduite notoirement scandaleuse et la faillite non réhabilitée.

Si l'exclusion frappe le Président d'une société, le vice-président le remplacera provisoirement, s'il y a lieu, à la barre du Grand Conseil.

Art. 29.

Les membres des Sociétés cités à la barre du Grand Conseil, qui feraient défaut sans motifs légitimes, seront frappés d'une amende de trois francs qui sera versée dans la caisse de la Société à laquelle appartiendra le défaillant.

Art. 30.

Des assemblées générales d'urgence pourront avoir lieu, après délibération du Conseil d'administration, ou sur la demande signée par le cinquième des membres ayant droit d'assistance à ces assemblées.

L'ordre du jour des assemblées générales sera arrêté par l'administration. Nulle proposition ne sera portée à l'ordre du jour si elle n'a été remise à l'administration un mois avant l'assemblée générale.

Art. 31.

L'Administration du Grand Conseil fait célébrer, chaque année à l'époque de la Fête de Saint Vincent de Paul, une messe solennelle, et, pendant l'Octave des Morts, un Service funèbre pour le repos de l'Ame des membres défunts des Sociétés de secours mutuels et des personnes de leurs familles.

Art. 32.

Une députation du Grand Conseil assiste au Convoi funèbre d'un Président ou d'un Syndic de société adhérente, décédé dans l'exercice de ses fonctions, et y tient les cordons de son poële, lorsqu'elle a été convoquée dans les délais convenables.

L'Administration de la Société à laquelle appartiendra le défunt est chargée de l'exécution du présent article.

Les mêmes honneurs funèbres seront rendus aux Administrateurs honoraires du Grand Conseil.

Art. 33.

Le présent règlement adopté en assemblée générale, sera imprimé, distribué et appliqué après avoir reçu l'approbation de l'autorité supérieure.

Marseille, le 24 Janvier 1876.

Après cette lecture s'ouvre une nouvelle discussion sur l'opportunité et la nécessité de publier ce document aux frais du Grand Conseil. La clôture étant prononcée, il est procédé à un scrutin secret qui donne le résultat suivant :

Pour l'impression et la distribution du contre-projet .... 12 voix.

Contre cette impression et cette distribution 1 voix :

Conséquemment, considérant que le projet de règlement dressé par la commission ne donne satisfaction qu'à une partie des membres composant le Grand Conseil ; que les réformes soi-disant radicales que cette commission a cru devoir y apporter, ne présentent pas toutes le caractère d'impartialité et d'utilité générale qu'il doit revêtir ; que la non publication du contre-projet ne laisserait en mains des intéressés qu'un seul document sur le mérite duquel il serait difficile de se prononcer ; que l'expérience acquise en cette matière par les administrateurs encore en fonctions ne leur permet pas de laisser courir à l'institution des chances qui pourraient l'ébranler, l'administration délibère de faire autographier et publier aux frais du Grand Conseil le procès-verbal de la séance de ce jour ; faisant connaître ses décisions et le contre-projet qu'il présente aux méditations des Présidents et Syndics des Sociétés de Secours mutuels placées sous sa juridiction spéciale.

Avant de se séparer M. M. les Administrateurs décident encore que, vu l'impossibilité d'exécuter cette fois pour cause majeure, l'article 7 du règlement qui fixe au 3e Dimanche de Février l'élection de l'administration du Grand Conseil ; que les élections des Députés au Corps Législatif ont lieu cette année précisément le 3e Dimanche de Février ; qu'il est nécessaire de laisser à chacun les moyens de remplir ses devoirs de citoyen et d'enlever à nos réunions tout ce qui pourrait leur donner une apparence politique ; que l'expiration de leur mandat ne leur permet pas de rester plus de huit jours en fonctions, et qu'il y a lieu de procéder aux élections administratives le Dimanche 27 Février prochain. Une circulaire portant convocation et fixant l'ordre du jour sera adressée à tous les membres de l'assemblée générale après qu'elle aura été arrêtée en conseil d'Administration.

Ont été présents et participé aux scrutins :

MM. Maurel, Président ; Forcade, vice-président ; Tavernier, Secrétaire ; Cauvin, Trésorier ; Baudouin, Jouve, Durbec, Prève, Lombard, Perret, Patat, Muratory et Rambaud, Conseillers.

Marseille, le 24 Janvier 1876.

Le Secrétaire,
M. Tavernier.

Le Président
A. Maurel.

www.ingramcontent.com/pod-product-compliance
Lightning Source LLC
LaVergne TN
LVHW050233180726
843501LV00013BB/3792

* 9 7 8 2 3 2 9 6 2 1 9 4 4 *